14
L.K. 102.

HARANGVES
FAITES
Aux Estats Generaux de la Prouince de Languedoc, le Mardy seizié-me Decembre, mil six cens soixante-quatre.

SVR LA DEMANDE DV ROY.

A BESIERS,
Par IEAN BOVDE Imprimeur ordinaire du Roy, & des Estats generaux de la Prouince de Languedoc.

MONSEIGNEVR
LE COMTE DV ROVRE

Lieutenant general pour
le Roy en la Prouince
de Languedoc,
a dit,

ESSIEVRS

Si cette Prouince que vous repre-
sentez dignement ne faisoit vne des

A

plus considerables parties de l'Estat, & qui a le plus d'obligation au Roy, vous pourriez estre surpris du secours qu'il desire de vous.

Mais comme vous n'ignorez ny l'vn, ny l'autre, i'espere que vous trouverez de la mediocrité, plûtost que de l'excez, en ce que Monsieur de Bezons vous fera entendre sur ce sujet de la part de sa Majesté.

Et que vostre zele ordinaire à son seruice aura moins de peine à le luy accorder, que sa bonté n'en a eu à se resoudre de vous le demander.

MONSIEVR
DE BEZONS INTENDANT
pour le Roy en la Prouince
de Languedoc.
a dit,

ESSIEVRS,

Apres que vous auez satisfait aux deuoirs que la Religion, & la bien-seance exigeoient de vous à l'ouuerture des Estats; apres que vous auez examiné les qualitez & les pouuoirs de ceux qui doiuent composer cette Illustre Assemblée, nous entrons

B

auiourd'huy dans cette Compagnie, pour vous demander de la part du Roy, vn Don Gratuit proportionné à la grandeur de cette Prouince, aux necessitez de l'Estat, à vostre zele, & à vostre fidelité: vous seriez surpris, MESSIEVRS, si faisant vne si noble partie du Royaume, le Roy ne vous demandoit point de secours, & ne vous obligeoit pas de contribuer au soûtien de l'Estat, & vous craindriez auec raison d'auoir perdu les bonnes graces de vôtre Prince: C'estoit la coûtume de nos Roys, au raport du plus sçauant & du plus fidele de nos Historiens, d'assembler les plus notables des Prouinces pour pouruoir à leurs doleances, & en suitte ceux qui estoient ainsi assemblez en Parlement offroiét au Roy vn Don Gratuit; Cette forme de contribution qui estoit commune à toutes les Prouinces du Royaume n'est restée qu'à quelques vnes: Vous auez la liberté de signaler vôtre zele en opinant sur les demandes qui vous sont faites de la part du Roy, & les autres n'ont en partage que la gloire de l'obeissance. Mais bien loin que la pensée de Sa Majesté soit de donner aucune atteinte à vos Priuileges, vous sçauez qu'il vous les a confirmez par vne Declaration solemnelle à Tolose, & que vous auez esté bien aise d'auoir cette nouuelle marque de sa bõté, crainte que l'Edit qui auoit esté donné en 1649. ne fût creu auec raison vn enfant de trouble & de desordre.

Et bien que la volonté du Roy dût estre la seule regle du Don que vous luy deuez accorder, Sa Majesté neantmoins veut bien vous informer des motifs qui l'empechent de vous procurer presentement tout le soulagement qu'Elle auroit desiré : par ce mot de volonté du Roy, ie n'entens pas parler de cette souueraine puissance, qui n'a point d'autre loy, que celle qu'elle se donne elle mesme, mais de cette justice œconomique, qui entrant dans le detail de toutes ses affaires, mesure & regle ce qu'elle desire par le besoin de l'Estat, par les forces des Prouinces, & par la proportion de ce que vous deuez contribuer pour la conseruation de ce Corps politique, dont vous faites vne si noble partie.

N'attendez pas de moy que i'employe aucun artifice pour vous persuader : car outre que cette entreprise seroit au dessus de mes forces, les paroles des Roys, aussi bien que celles de Dieu, n'ont point besoin d'ornement ; Elles empruntent leur force & leur recommandation de l'authorité de celuy au nom de qui l'on parle. Ie ne suis donc auiourd'huy qu'vne voix qui vous rendray en peu de mots, mais auec fidelité, les paroles qui m'ont esté commises.

L'on sçait que depuis dix-huit mois le Roy a consommé plus de quinze milions de liures pour retirer des Droits qui auoient esté alliennez ; Sa Majesté y a esté particulierement obligée, pour ensuite procurer du soulagement à ses peuples, si le Royaume peut joüir encore quelque temps de la paix & de la tranquillité qu'il possede ; par cette paix, ce n'est pas de l'aprehension des Guerres ciuiles dont ie parle, l'authorité de nostre Monarque, les regles de la Religion & de la conscience, & l'experience des choses passées, ne font pas craindre qu'à l'aduenir l'on s'esloigne de son deuoir ; mais ie dis, que la France estant entourée de tant de Princes jaloux de sa gloire, nous pourrions ne joüir pas toûjours du repos dans lequel nous viuons. Vn Prince deuant que d'entreprendre vne Guerre, dit l'Escriture, consulte ses forces, & demande la Paix, s'il n'est pas en estat de la soûtenir ; le Roy veut n'auoir rien à craindre de ses Ennemis, & pouuoir se deffendre dans vne Guerre juste, sans estre obligé de faire des impositions extraordinaires sur ses peuples, & sans chercher des remedes qui sont quelques-fois aussi fâcheux que les maux.

Nous vous auons fait voir à l'ouuerture de vos Estats la valeur des Troupes Françoises, soûtenant l'Empire chancelant au passage de la Riuiere de Raab, nous vous auons fait voir ces Infidelles vaincus par la valeur de nostre Nation, mais l'envoy des Troupes, leur entretien, & leur subsistance, les sommes qu'il faut presentement pour leur restablissement, ont causé des despenses immenses,

la Paix

la paix mesme que nous auons concluë auec l'Italie, n'a esté faite qu'apres tous les preparatifs de la guerre, & auoir mis vne grande armée sur pied: cependant nous voyons que nos Aliez ont tiré iusques à present des sommes notables de la France, pour nous apporter des Indes les choses qui sõt necessaires pour la vie, ou pour le luxe. Sa Majesté a voulu auoir part à la cõqueste de cette Toison, Elle a fait former deux Compagnies des Indes Occidentales, & Orientales, Elle a mis elle mesme des sommes considerables dans la derniere : tous les Grands du Royaume, & tous les bons Marchands y ont pris part, vous auez eu connoissance des articles & des conditions qui ne tendent qu'à l'auantage de l'Estat, & à l'vtilité publique ; Sa Majesté ne demande pas que les Estats entrent en corps dans vne affaire de cette qualité: mais à l'exemple de ce qui se pratique dans le reste du Royaume, chacun de vous, MESSIEVRS, peut & doit y entrer, selon qu'il le iugera commode pour ses affaires domestiques : Et à ces raisons d'vtilité, j'en pourrois joindre vne beaucoup plus considerable, c'est, MESSIEVRS, que dans la plus part de ces Prouinces éloignées, l'on y porte les veritez de l'Euangile, qui n'y estoient point connuës, ou qui y estoient alterées.

Tout ce grand commerce, & ces marchandises

venans des quatre parties du monde, enrichiroient à la verité quelques villes, mais elles feroient presque inutiles au dedans du Royaume, puifque la nature nous a feparé des deux mers par vn fi grand continent. C'eft icy où paroît admirable le defir de nôtre Monarque pour l'auantage & la gloire de cette Prouince, lors qu'il fonge à communiquer les deux mers par vn Canal nauigable en toutes les faifons. Ce deffein qui a donné de l'eftonnement à toute l'antiquité fe trouue facile à executer, & il y a lieu d'efperer que Sa Majefté fera fatisfaite de l'application auec laquelle on en a connû la poffibilité. Ainfi toutes les grandes villes de cette Prouince fe trouuant fur le riuage ou proche de ce Canal profiteront auffi auantageufement de ce commerce, que fi elles eftoient des villes maritimes, femblables à la compofition du corps humain dont la Philofophie nous apprend que la beauté ne confifte pas dans la fimple conformation des parties, mais dans la circulation du fang, qui par ce mouuement perpetuel communique & porte les efprits dans toutes les parties, & fait qu'elles tirent vn mutuel fecours les vnes des autres: mais lorfque nous trauaillons auec tant de foin pour eftablir le commerce aux lieux éloignez, nous voyons que les Barbares des coftes voifines infeftent nos mers, & caufent la ruine des negocians. C'eft pour cela que depuis quatre ans le Roy a entretenu vne armée nauale pour la feureté des Marchãds, qu'il a mêmes eu la penfée d'y établir vne place pour leur auantage, & pour procurer enfuite quelque liberté à tant d'efclaues chreftiens qui gemiffent dans ces fepulchres viuans, dont ils font tirez tous les iours, pour eftre mis au trauail comme les animaux: mais ceux qui deuoient executer ce deffein, n'ont pas efté fi jaloux de la gloire de la France, comme Sa Majefté auoit eu d'application pour ne rien laiffer manquer au foûtien de cette entreprife, à peine les nouuelles en ont-elles efté fceües, que pour abaiffer l'orgueil de ces Barbares, le Roy arme de nouueau pour reprimer leur infolence, & donner feureté au paffage des vaiffeaux & des barques: toutes ces entreprifes, tous ces armemẽs, tous ces eftabliffemens pour le Commerce, l'entretien des Troupes, le rachapt des biens diffipez; en vn mot, toutes ces chofes que le Roy fait pour le bien & l'auantage de fon Royaume, ne fe font point fans de prodigieufes defpences, & qui demandent de vous vn fecours confiderable. Il refte feulement, que vous chaffiez ce mal domeftique qui vous ronge, & qui pourroit caufer voftre ruïne totale, s'il n'y eftoit remedié: Ie parle de ces debtes de Communautez, dont la verification & l'acquitement font fi neceffaires, & la deffenfe d'en contracter à l'aduenir, fans des caufes legitimes. Ie fçay ce que l'on dit sur ce sujet, qu'on ne pourra plus à l'aduenir se preualoir de l'authorité que l'on a dans les Villes, pour se faire accorder des gratifications ; que l'on sera obligé de porter sa portion de la taille, sans la rejeter sur le general de la Communauté : que les protections ne s'acheteront plus : que la vefue, le foible, & l'orphelin, trouueront vn azile dans les remedes que l'on veut leur donner : & qu'enfin l'on a vescu dans le desordre jusques à present, & qu'il eût esté bon d'y demurer, sans entrer dans vn esprit de reformation : ce sont les raisons dont on se seruit l'année derniere, pour refuser le payement des Commissaires qui trauaillent à la verification de ces debtes, esperant par là faire eschoüer vn ouurage de cette qualité, que Sa Majesté veut neantmoins qui soit acheué dans deux ans, & Elle espere que vous ne refuserez pas les frais necessaires pour cét effet, & que L'vtilité de la Prouince, la iustice, & l'exemple des choses passées, joints au respect qui est deu aux ordres de Sa Maiesté, preuaudront à l'artifice de ceux qui veulent la continuation du mal.

Le Roy espere donc, que vous luy accorderez vn Don-gratuit de deux milions quatre cens mil liures payables en la ville de Paris en douze payemens esgaux égaux de mois en mois, & que par vne prompte responce à la semonce que nous vous faisons de sa part, vous adjouterez la bonne grace à la liberalité. Ie n'ay pas creu deuoir faire vne viue peinture des raisons qui vous doiuent obliger de satisfaire le Roy, mais seulement vous en faire vne simple exposition, afin que l'ouurage soit tout à vous, & que vôtre Déliberation qui n'a pour objet que le seruice du Roy & l'auantage de la Prouince, ne soit animée que par vôtre zele, par vôtre deuoir, & par vôtre fidelité.

MONSEIGNEVR
l'Archeuesque de Tolose presidant aux Estats, a dit,

ESSIEVRS,

Nous n'ignorons pas quels sont les deuoirs des sujets enuers leur Prince, mais quelques grands qu'ils soient, les mouuemens de nostre amour & de nostre affection à l'égard du Roy, sont encore plus puissans & plus forts: Comme sujets nous deuons contribuer de nos biens, pour subuenir à ses

www.ingramcontent.com/pod-product-compliance
Lightning Source LLC
Chambersburg PA
CBHW070537050426
42451CB00013B/3054